지구의 환경과 기후를
생각하면서...

저자드림 *손정영*

두 번째 농담

시산맥 시혼시인선 014
두 번째 농담

초판 1쇄 발행 | 2021년 06월 30일

지 은 이 | 문정영
펴 낸 이 | 문정영
펴 낸 곳 | 시산맥사
편집위원 | 이송희 전철희 한용국
등록번호 | 제300-2013-12호
등록일자 | 2009년 4월 15일
주   소 | 03131 서울특별시 종로구 율곡로 6길 36,
           월드오피스텔 1102호
전   화 | 02-764-8722, 010-8894-8722
전자우편 | poemmtss@hanmail.net
시산맥카페 | http://cafe.daum.net/poemmtss

ISBN 979-11-6243-214-3 (03810)

값 10,000원

* 이 책은 전부 또는 일부 내용을 재사용하려면 반드시 저작권자와 시산맥사의
  동의를 받아야 합니다.

* 이 시집은 교보문고와 연계하여 전자책으로도 발간되었습니다.

* 저자의 의도에 따라 작품의 보조 동사와 합성 명사는 띄어쓰기가 달라질 수
  있습니다.

두 번째 농담

문정영 시집

■ 시인의 말

4차 5차 혁명에 우리는 AI와 어떻게 공존해야 할까?

그때에 사랑, 이별, 고통은 어떻게 변할까?

다음 여행은 지구의 기후와 환경에 대한 것들이다.

인간의 생존과 관련된 문제이기 때문이다.

시집의 고정관념에서 조금은 벗어나고자 했다.

해설 대신 시산맥 회원들의 추천글을 다수 게재하였다.

2021년 여름, 문정영

■ 차 례

1부

넷플릭스 _ 018

아수라 _ 020

달, 모자 _ 022

두 번째 농담 _ 024

모과, 천천히 씹는 신음 _ 026

블랙 4분 33초 _ 028

포스트 코로나 _ 030

딥페이크 연애 _ 032

숨그네 _ 034

블루라이트 _ 036

2부

페이스오프 _ 041

空의, _ 042

안드로이드 사랑 _ 044

그림자놀이 _ 046

주름들 _ 048

저격수 _ 050

7과 1/2 _ 052

독작 _ 054

3D 프린트 _ 056

그리고 사물인터넷 _ 058

3부

버킷리스트 _ 062

페미니스트 _ 064

벤자민, 거꾸로 가는 시간이라는 버튼 _ 066

타로 _ 068

대의 _ 070

가시 _ 072

그리고 사물 인터넷 2 _ 074

빅데이터 _ 076

수집가 _ 078

그린 마스크 _ 080

4부

활*주*로 _ 085

알고리즘, 이별 _ 086

증후가 없는 증후군 _ 088

뉴 프레퍼 _ 090

케렌시아 _ 092

그리스인 조르바 _ 094

바닥들 _ 096

레이어드 홈 _ 098

50가지 그림자 _ 100

지금 스며드는 짙은 향기 _ 102

■ 문정영 여섯 번째 시집 『두 번째 농담』을 읽고 _ 105

1부

넷플릭스

꽃을 꽃으로만 보던 절기가 지났다

계절이 꽃보다 더 선명하게 붉었다

그때 당신은 열리는 시기를 놓치고,

나는 떨어지는 얼굴을 놓쳤다

되돌려볼 수 있는 사랑은 흔한 인형 같아서

멀어진 뒤에는 새로운 채널에 가입해야 했다

언제든 볼 수 있는 당신은 귀하지 않았다

공유했던 두근거림이 채널 뒤의 풍경으로 사라져 갔다

나는 캄캄한 시간을 스크린에 띄우고

당신에 대한 기억을 하나씩 지우기로 했다

사랑을 자막처럼 읽는 시절이 왔다

눈에 잡히지 않은 오래전 사람처럼 자꾸 시간을 겉돌았다

나를 의자에 앉혀두고

당신은 생각에서 벗어난 생각을 보고 있었다

느슨해진 목소리가 사랑을 끝내고 있었다

툭 툭 우리는 같은 의자에서 서로 다른 장면을

몸 밖으로 밀어내는 중이었다

아수라

거위로 다시 왔다

가볍지 않은 흰 날개, 짧고 두꺼운 부리로 울던 나는

세 개의 무서운 얼굴은 가문비 숲에 숨겨 두었고, 여섯 개의

긴 팔은 은사시나무가 되었다

나로 살려 할수록 뒤뚱거렸다

어느 날부터 수면 아래가 안락해졌다

가라앉는 나를 향한 수없는 발짓에

늪에서 피는 꽃은 지고 말았어

누구도 나를 아수라 부르지 않았고

더는 숨을 멈출 수 없을 때 아득히 저무는 꽃

부르르 떨리는 이름으로 태어나

무거운 의문이 날개를 달았을까

내 몸으로는 하루하루를 날아오르지 못했다

뜨거워질 만큼 부풀거나 무거워진 만큼 가라앉아

더는 지상에서 불러낼 이름은 없었다

소리구멍 다 열고 날마다 거위 울음으로 나는 울었다

달, 모자

뒷모습만 생각이 났다

어떤 모자를 썼는지, 그 위에 어떤 달이 떠 있었는지

걸어가면서 나눈 대화는 이어지지 않았다

왜 나의 시는 과거형인지, 눈썹은 미래형으로 펼쳐졌는지

그걸 기억한다면 그날 밤 환한 달빛을 내어놓았을 텐데

삯의 흔적만 남아 있었다

삯은 하나를 간직하기 위해 다른 하나를 버린 것이라고,

묻지 않았는데도 너는 입술을 떨며 말했다

그 말을 놓아버린 순간에 모자가 너를 쓰고 있었다

그러니 너의 뒷모습 위에 뜬 달은 분명 그믐이었다

너는 끊어지는 말을 다시 이었다

어떤 하루는 너무 길어서 달이 지지 않았다고

그날은 아무리 걸어도 모자에서 벗어날 수 없었다고

달과 모자는 하나의 관계에서 비뚤어져 있었다

그런 모자가 가끔 아픈 뒷모습을 가려주곤 했다

두 번째 농담

고백은 느린 랩 같았어

두 번째 농담이 있기까지

낯선 너의 웃음을 견디지 못하는 포노 사피엔스 $_{phono\ sapiens}$처럼

순간 뜨거운 공기 속으로 슬픔이 길어 올려졌고

상승과 몰락이 씻은 무처럼 하얬어

이제 말꼬리를 올려야지, 농담이 아닌 듯이

언제쯤 입술 주변의 공기가 말랑해질까

다른 표정 보이기 위해 얼굴을 감추었다 생각했는데

한 번의 농담은 농담이 아니었어

아직 불안한 눈빛의 나에게

이별은 어떤 논리로 세워둘 수 없었어

저 캄캄한 복도 끝이 절규를 감고 깊어지듯

어떤 농담은 울음 대신 꺼낸 두 번째 고백이야

너와 나는 공기 같다는 너튜브에서

서로 다른 알고리즘을 펼치며 놀고 있었을까

모과, 천천히 씹는 신음

분홍 소문들이 가까워졌어

누군가 질시의 공기방울을 날렸지

그 홍조 띤 전언이 너의 첫 유두를 스치듯 간지러웠어

익는 모과가 햇살을 타듯

날아다니는 나비의 날개가 조금씩 가벼워지듯

설익은 헛웃음이 불꽃을 키웠어

한 모금의 위기는

네가 눈 뜨기 전에 마시는 독주

취기로 너의 겨드랑이에 가닿고 싶다 하자

사랑이라 부르고 싶은 눈을 가만히 쓸어 주었어

너의 시선에서 멀어진 후 잠시 잠이 들었어

그 뒤론 느리게 흐르는 시간뿐

아득하다는 것은 새로 익힌 바람의 언어

눈물 한 방울로 끝난 사랑

그렇게 모과, 천천히 씹는 신음 같아

네가 두드리는 소리에 큰 그늘에 내가 갇혔어

블랙 4분 33초

아찔한 순간은 집중이다

언제부터 핏줄 하나하나에 슬픔을 넣고 다녔는지

떠돌다 다시 몸으로 돌아가고 싶지 않은 물음이

울음을 대신한다

영혼이 복면했다면 우는 눈을 내어놓았을까

아직 혈흔이 남은 꽃잎 위를 날아야 하는

너는 열흘나비다

아프다는 말 입 밖에서 사라져버릴 것 같아

아껴 모아 환청으로 듣는다

몰입은 살아 움직인다는 것이야

그 순간이 너를 스치면

있는 시간과 없는 시간을 구별할 수 있을까

너는 존 케이지의 답변을 알고 있다

찰나보다 더 짧게 지나갈 순 없을까, 이 물음

너는 날마다 4분 33초

침묵에 투신하는 법을 익히고 있다

포스트 코로나

뜻밖의 별자리가 생겼다

그 주변으로 수만 킬로 붉은 눈동자들이 반짝였다

100년을 지탱하기 힘든 지붕처럼

날개가 견디기 어려운 허공처럼

한꺼번에 방향과 속도가 뒤엉키는 세계가 왔다

풀씨가 자라는 어처구니와 루머를 듣는 처마가 맞닿으면서

지붕 아래로 바이러스가 날아다녔다

젊은 별의 코로나는 더 일찍 어두워졌다

비대면 이전의 무릎과 정강이를 묶은 적이 있다

내 손을 먼 쪽에 두고 가린 눈으로 그녀를 건너갈 수 있을까

그 느낌이 지워졌다면 이 별이 새로 피어났다는 것,

그때 처녀별자리는 불안을 내려놓을 수 있었을까

불안과 비말의 바이러스가 태양에서 왔다는 말이 있다

그 후 우리의 인연은 대면 방식을 거부했다

서로 닿지 않으려 안전한 쪽으로 멀어져 갔던 것

누군가에 졌다는 자문도 이겼다는 의문도 들지 않았다

딥페이크 연애

얼굴은 없고 얼굴방울이 매달려 있다

진짜를 가장한 표정

몰입하는 눈동자, 불면하는 눈동자

떨어진 채 관절이 이어진 쪽얼굴들

격정의 동영상들이 출렁인다

얼굴 없는 연애는 목소리만 남는 것

문신한 눈썹처럼 수만 갈래의 길이 생겨난다

너무 침침해서 열 수 없는 길

표정에서 삭제된 감정의 뿌리들

이 시력으로 저 안색을 해독할 수 없어

두근거림이 사라진 심장들

두 겹 먹구름 얼굴이던 하늘에서 소낙비의 폭언이 쏟아진다

너는 특정인, 나는 궁극에 홀로인 자

너는 숨는 자, 나는 내 안에서 너를 쫓는 자

너는 나의 합성 조합들

하루 종일 눈물은 없고 슬픔방울만 매달려 있다

숨그네*

굶주린 천사가 속삭인다*

꽉 잡아줄래

숨이 태어난 자리에서 피어나는 허기를, 사랑을

더는 어찌할 수 없는 순응

전율하며 각자 다른 꽃으로 핀다

헤어진 후 갈래꽃보다 가벼워진 입술

그는 숨을 고르고 그녀는 그네를 탄다

한 번은 그녀, 또 한 번은 그가 굶주린 천사가 된다

서로의 붉은 비밀이 사라지면 그네는 멈춘다

얼마나 끝내고 싶었을까, 더는 들이킬 수 없는

아사 직전의 사랑!

* 헤르타 뮐러의 소설 제목 및 소설 속 문장

블루라이트

투명하고 경쾌한 푸른빛이 연신 깜박이고

네가 뱉는 말들은 우주를 건너와

나의 망막에 맺히는 달콤한 상像이었지

그 말들의 맥락을 읽다가 불면이 깊어갔던 것

너는 참 선명하고 편안했어, 그게 어떤 홍채였는지

나의 망막에 굴절돼 따뜻한 문장 품고 있었다

하지만, 눈 한번 감았다 뜨는 사이

나의 시야를 벗어난 너

안경 너머 침묵을 자주 응시하곤 했지

어느 뜻밖의 말들이 지상에 닿았다가 반사된 것일까

바꿔 쓴 안경알의 바깥이 흐렸고

캄캄한 곳에서 몰래 들여다본 블루 문자들이 가물거렸어

마치, 기압이 높은 날

유난히 별들이 서쪽 천변으로 기우는 것처럼

밤은 푸르게 충혈되고 있었지

그 후 점점 붉어지는 것의 정체를 나는 이별이라 읽었다

2부

페이스오프

잠들지 못한 얼굴을 바꾸고 싶어

푸른 술잔에 나를 축이고 싶진 않아

꽃은 색으로 얼굴을 바꾸지만

밤새 내 안에는 낯선 내가 버티고 있어

얼굴엔 갖고 싶은 얼굴이 겹쳐지지

가슴에 또 다른 소망이 생긴 후부터

거울 속에서 슬픔이 피어나고 있어

그런 날이면 초침 없는 저녁이 이방인의 눈썹과 마주 앉고

바람이 흔들어도 캄캄한 것들은 더 캄캄해지지 않아

슬픔이 달아나기 전에 얼굴을 바꾸어야겠어

空의,

변해야 한다고 잎들이 입아귀를 물고 있다

처음 면면은 구르다 멈추는 성질이었다

돌의 옆얼굴 나뭇잎의 눈물 웃음의 발톱 그릇 속의 바퀴 소리

달리다가 멈춘 계단 숨소리에서 풀려나온 다른 숨소리들

둥글어서 둥근 것이 아니다

공의, 속은 문자로 채워도 헛것이다

잠든 지구가 공회전하는 꿈에서

점점 내가 경직되고 있다는 것을

내 몸의 모서리가 닳아 가는 것이

리듬이라는 것을

여태 네모였던 내가 알게 되는

답을 유추하게 될 때까지

공의, 중심이 보일 때까지

둥근 풀잎에 놀란 눈이 있다

안드로이드 사랑

아메리카 사막의 꼬리채찍도마뱀은 수컷이 없다

사랑 없이도 새끼를 낳는다

몸은 3차원 매트릭스 속에서 활짝 열린다

가상현실에서도 감각은 사라지지 않는다

텔레딕도니스*

멀리 떨어져 있어 더 환상적이다

다른 수컷 도마뱀처럼 아픈 감정 소모도 없다

섹스 AI로 사랑의 족쇄는 사라질 것이다

매트릭스에 저항하는 트리니티와 네오의 세레나데

더 아픈 사랑은 없다

인간보다 더 인간다운 로봇들

어떤 대가도 바라지 않은 사랑의 진화를

지금 읽어내기 어렵다

* 지능형 전자 섹스기구, 원격 성관계를 위한 스마트형 보디수트 기술이다

그림자놀이

빛의 반대쪽에서 시작되지

칠만 년 동안 자라난 인류의 그림자의 그림자같이

숨소리가 숨소리를 따라 바닥에 흘러 다녔어

이제 너를 놓아줄 거야, 내게 눈빛만 남겨두고

굴레는 데려가렴

사라진 몸에는 두드릴 문이 없어

이제 가면놀이는 심심해

얼굴 없이 체위를 바꿀 수 없잖아

숨골과 치골 사이 숨겨진 길이 있다는 것을

손가락이 아닌 몸의 그림자는 알까

불빛 없이 홀로 하는 놀이는 쓸쓸해

슬그머니 나의 키는 줄고

눈이 시린 그림자는 자꾸 얼굴을 만지는데

우리 오늘 그루밍 체위 어때?

천장의 거울은 또 다른 그림자가 되지

네가 없는 어두운 상상은 시큼할 뿐 여기까지야, 정말

주름들

그 안에서 안녕한지, 주름을 통과하지 않은 달콤함은 없네

물음은 물음답게 여름의 그늘처럼 암전할 것, 얌전할 것

지렁이가 지렁이의 몸짓을 익히는 것은 천년이 아니라 하루

세속에 물들지 않은 나이는 없네

나를 부르는 소리가 천 마리의 깃털로 날아가는 오후

네 몸속 수많은 주름을 통과하고 싶어

속죄하는 양이 천 마리 만 마리, 나는 내 죄를 사하는데

잠들 수 없어, 그때마다 너의 몸에서 만개한 주름들

이럴 때 하필 사랑이 유리창 같다는 생각이 들지

너를 통과하면 내가 먼저 깨지고

더듬거리며 켰던 램프의 불빛은 그 순간이 절정이야

꽃은 허공의 주름을 거두어야 한 겹 피어나고

나는 너의 꽃에서 만 개의 몽상으로 피어나지

너는 새벽마다 내가 펼치고 싶은

겹겹의 주름들

저격수

한 발의 총알이 햇빛 속으로 날아갔다

파편의 죽지에 명중하는 허공

총알의 속도에 하늘이 붉어지고 있었다

동공이 열리며 하나의 숨이 지고 피어났다

왼쪽 목덜미가 간지럽다가 오른쪽 발가락이 전율하곤 했다

조준은 정확했다, 오래 깨물다 놓쳐버린 젖가슴이 명중 당했다

딱 그만큼에서 네 몸의 폭발음이 들렸다

그 울음은 너의 첫울음처럼 신비로웠다

총알이 순간순간들을 뚫고 나가듯

열린다는 것은 어느 한 곳에서 全身으로 몰입한다는 것

너는 너의 가슴에서 잠이 들었고 나는 하나의 총알만 가졌다

총구를 열고 뛰쳐나간 저 희열

덩굴장미는 햇빛 총알에 더 크게 몸 열고 있었다

7과 1/2

인형조종사 존 말코비치는 7과 1/2층에서 일했다

키가 1/2만큼 작아진 그녀를 거기서 만났다

7과 8 사이 절망이 반쯤 서 있었다

세상에 직립하지 못한 높이만큼만 사랑한 공간이었다

천장을 뚫고 잠시 비치는 대답은 시간 밖에만 머물러

그녀에게 줄 것은 사라진 미래 같은 것

그곳에서의 담배연기는 모로스 부호였다

허니허니 이곳에서 나를 꺼내줘요

네모난 물음으로는 풀 수 없어요, 어떤 통증은

그곳에서는 상처가 아니에요

거리에서 우리 인형연인으로 만날까요?

당신을 가슴으로 데우는 애인이 될게요

존 말코비치의 생각으로 들어가 존 말코비치가 되기까지

타인 아닌 나로 살아보기, 그렇게 사랑을 사랑하기

7층과 8층 사이로 사라진 절망 지우기

독작

태양과 대작 중이다

먼저 타오르는 사람이 자기 행성을 떠나기로 했다

아침노을 한 잔에 먼저 하늘이 불콰했고,

제빛에 눈이 부신 태양은 고개를 돌리고 바람을 마셨다

찬바람 한 잔에 늦가을이 취했다

저녁은 태양이 마실 수 없는 독주

날짜 변경선을 넘어가기로 했다

먼 여행은 혼자 즐기는 낮술 같은 것

자꾸 요일을 바꾸며 태양과 술잔을 부딪쳤다

태양이 떨어지면 나도 저무는 것

이별과 연민은 몸의 어느 곳에도 새길 수 없는 문신

지금 술에 진다면 일찌감치 소멸로 가는 길

너에게로 답이 건너가기 전에 나는 자꾸 어지러웠다

빛에 타버린 나비의 날개가 술잔에 떨어졌다

너보다 내가 먼저 타버리기로 작정했다

3D 프린트

내가 가진 것들 다 내어놓을게요

거울에 비친 몸을 여러 개 복사하듯

새로 발견한 캣 체위도 거울과 나누어요

나는 같은 그림을 여러 장 복제해서 너에게 보내고

너는 사랑 하나의 낱장만 그려서 봄바람을 붉히지

몇 개의 감정이 녹아 모델이 된

금방 녹아버리는 싸락눈 같은

순간 조립되고 변형되는 사랑이란 복제에 불과해

눈물의 집들이 내 얼굴에서 생겨나면

새로운 눈동자를 프린트해서 갈아 끼워요

마흔의 내가 스물의 너로 연동되면

새로운 체위를 꿈꿀 수 있을까요

그때 나는 스마트한 사피엔스가 될까요

그리고 사물인터넷

모자가 스스로 자라네 눈이 생겨나네

내일로 가는 몸이 디지털과 이어진 길

모자의 테두리는 한 세계의 카테고리가 되네

미래의 몽상가인 눈은

제 슬픔을 들여다본 지 오래

모자의 감정은 조용한 음성으로 열리네

미래의 세상은 우아한 서정이 아니네

무인텔, 무인자동차, 살아나는 사물들…

사람들은 부재의 사랑을 모자로 쓰네

모자의 눈은 색色으로 여는 세상

우리가 꿈꾸던 파랑의 문이 열리네

사물통신이란 이름을 달고

시간을 거슬러 온 변종의 깃털모자가 리모컨을 눌러

현재와 미래의 계단을 오르내리고 있네

3부

버킷리스트

너라는 우주가 지나간다

온열 주머니에서 나온 것도 아닌데

얼굴에 붉은 꽃이 피고

그 꽃무늬 순해질 때

짙은 눈썹과 버킷 사이

꽃잎 지는 순간의 보조개도

한번도 풀어보지 못한 수수께끼도 리스트

어려운 질문이 봄눈처럼 녹는 날에

손바닥 운명선을 긋는 최후의 인사

그 꽃잎 다 떨어질 때

우분투* 우분투 立夏에 든다

지금 어디서 오늘을 쓰고 있니

실핏줄 같은 몸속 지도에 너를 그려 넣는다

* Ubuntu : I am because you are.

페미니스트

희망은 기쁨만 품은 줄 알았다

허공을 부유하는 질문에 나는 푸른 답을 내놓을 수 없었다

통증은 그 시간을 기억했다

저녁 8시가 왼쪽 시야와 겹쳐지고

수정체와 망막의 간극에서 유리되는 빛

어떤 결이 빛을 쓸다 감금했는지

불안한 입술이 삐뚤어진 채 다가왔다

망막에서 네가 사라진 지 일주일, 그리고 한 달

수선화 꽃차례가 어긋나고 어둠을 치는 벽이 보였다

내 몸에 본래 수선화 향기가 스몄던가

내가 본 꽃은 본래 무형의 꽃이었다고 위무하자

바깥을 향한 슬픔이 조금씩 잠잠해지기 시작했다

벤자민, 거꾸로 가는 시간이라는 버튼

점점 젊어지거나 늙어가는 것은 다르지 않다

처음으로 돌아가는 숨들이다

버튼을 만드는 사람은

자신의 양복 버튼을 꼭 채우는 습성이 있다

부재의 위치에 돌아와

다시 옛 시간을 당겨 선

무용수에게 무대는 한 몸이다

목숨은 자유자재로 흘러가다가 여기에 멈추어 있는 것

아는 것처럼 눈빛을 보내며

나를 스쳐 지나는 것들은 얼마나 무수한가

새로운 시차에 적응하지 못한 그리운 것들

과거와 미래는 내가 사는 현재

거꾸로 가는 시간은 언제든 놓칠 수 있다

타로

나는 날마다 물벌레의 날개로 타로점을 친다

너는 물의 호흡을 어둠의 발소리로 복제하지

고요가 잡문처럼 깨지는 날들을 위해

이 시대의 자서전은 쓰지 말자

숫자로 불안을 잠재울 순 없어

너는 날개로 타로의 그림을 곁눈질하지

아침에 없던 고민이 저녁에 자라고

너는 도래하지 않은 미래를 훔치지

자주 마른 발을 뒤척이며 젖고 싶다 하지

어둠 속으로 사라지는 평온의 카드를 펼치지

오늘의 사랑은 물처럼 흘러 내일로 사라질 거야

슬픈 너의 독백이 오늘의 카드야

물에서 생겨난 어떤 예언은 사막여우처럼 걸어가는 것인데

너의 타로점은 늘 젖어 있는 눈물이야

대의

공기를 열고 나오는 저 푸른 생각들의 전복

한낮의 대숲에서 대의를 듣는다

공중에서 비바람을 견디고 나서야 우는 날개들

대꽃의 나이만큼 자라기도 하지만

공중에 뿌리를 둔 것처럼 거꾸로 자라는 연애들

누군가 멈추어 서서 첫 발자국을 찍고 있다

흔들리는 것에 명분이 있기는 하니?

어린 대의 줄기도 바깥이 되기 위해 어둠을 겪는다

바람을 채우느라 말씀 한마디가 저리 두런거리는데

세상의 표정은 숨어서 대의 껍질처럼 단단하다

가시

어떤 상처는 백지에 그린 그믐달이다

달빛 그늘이 처녀막처럼 찢기고

자작나무 표피에 쓰인 자글자글한 약속마저 벗겨져 있다

덤불에 걸린 신음은

누군가의 몸을 뚫고 나온 꽃

나쁜 감정이 가시처럼 오래 박혀 있다

날것 중 가장 큰 허공을 가졌다는 맹세는

가시나무에 걸려 있다

하늘이 낭떠러지로 쏟아져 내린다

지상 위에 달빛 발자국 하나만 남아 있다

5월의 얼음 박힌 모자를 쓰고 있다

그리고 사물 인터넷 2

사물이 감성을 키우게 되었지

몽상가의 제스처처럼

나는 우는 새소리를 눈으로 듣고

너는 목소리가 젖어 눈물이 난다 했지

눈물샘이 말라

내 눈동자는 그간 눈에 담아둔 슬픔을 풀어서 먹지

틀에 가둔 것들이 동어반복의 내 사랑법이라서

사물이 되어버린 눈은 나의 발성을 듣지 못하지

빈자리를 자동으로 감지하는 영화관의 센서같이

사랑도 사물처럼 망막의 감정을 읽을 뿐이지

빅데이터

그의 하루는 늘 기계음에 갇혔다 사라진다

통로가 막힌 데이터를 저장하는 것일까

그녀는 상상력 없는 그의 머리에

반정형, 비정형의 기회를 넣어주고 싶었다

방대하고 빠른 속도의 변화를 그녀는 알고 그는 모르고 산다

갈등의 깊이를 증명하기 위한 것이라면

승패는 의미가 없다

싸움의 자료만 차곡히 쌓인다

저 커다란 데이터를 활용해 어떤 행성에 가고 싶은가요

거대한 물음의 용량이 거대한 질문을 수리 중이다

수집가

한 잎의 생각을 윤독하는 그녀는 붉은 치마 수집가

아침마다 주머니에서 젖은 얼굴 꺼내는 그는

방언으로 책을 쓰는 바람 집필가

달의 뒤편을 문신하고 있는 저녁에

그는 돌의 씨앗을 공중에 뿌리는 자

온갖 이야기들로 집을 짓고 벽을 쌓는데

공기를 모아 숨소리를 만들고

사랑을 청각으로 더듬어 입술로 시연하지

이른 새벽 붉은 치마 수집가와 바람 집필가가

서로에게 작열하지

어느 불꽃이 시간주머니를 태울 것인지

자정에 그를 쓰고 나면 그녀의 하루가 소멸하지

그의 하루를 소지하는 그녀는 수첩 수집가

그린 마스크

지나칠 것도 없다, 저 나른한 은둔자

얼굴을 벗는다

아는 것 다 써버린 후

마스크는 목소리밖에 남지 않았지

동지에 잠들면 눈썹이 하얘진다는데

어제의 표정으로 오늘을 쓰는 붉거나 샛노란 세모들

입모양이 보여도 중심은 찾기 어렵지

굴레는 세 개의 뿔에서 나오고

고통은 각에서 이어지지

4부

활*주*로

수만 번 엎드려야 바람을 이기는 화살은

비로소 날아가야 할 공중을 겨냥한다

바람과 천둥의 행간을 잡아당기는 몸짓이 활의 本인가

깜박이는 정신의 변방을 향해 날아간다

저 미끄러지는 주로를 따라 화살이 비상한다

곤두박질하다 다시 제자리에서 귀가 열리는 나는

아직 추락할 때가 아니다

다시 아수라를 지날 것인가

저 검은 몸을 놓고 계속 날아가고 싶다

딱 한 번 눈썹을 밀고 공중에서 순해지고 싶다

알고리즘, 이별

눈에서 흐르나 눈물이 슬픈 것만은 아니다

숨소리에서 긷는

간절한 기도가 먼저 아파온다

이별의 첫발은 언제나 불면에서 시작되는 것

나는 젖어 있으나 더는 울 수 없어

한 편의 시를 품고 계절을 견디는데

아무런 발자국 없는 행간은 잊힌 애인 같다

지면에 게재된 사랑은 다 어디로 스며든 것일까

내가 걷는 미로의 향방을 물을 때

그 길에서 맞닥뜨리는 약속들, 불편한 진실이 된다

오늘 나와 헤어지는 꽃들이 내일은 향기를 품을까

순간은 흐르는 것이 아니라 쌓이는 것이라는데

둘이 하나가 아닐 때

우리는 어떤 꽃술을 이별의 수식어로 매달고 있을까

증후가 없는 증후군
— anima

날카로운 서브처럼, 눈물도 웃음도 나에게 패스하던 女子

희열을 조준하고 드라이브한 공이 비애의 늪으로

떨어지는 것을 보았지

잘 깎여서 빠른 회전력을 가진

女子는 내 시야에서 자주 명멸하는 공

쇼트 커트 너클은 女子가 즐기는 체위!

강하게 쳐낼수록 멀리 날아갔다가 회귀하는 절망의 습성

女子는 매일 아침 공처럼 부푼 하루를 시작한다

내 안은 공기뿐이야

누구의 맹세를 믿거나 불신하지도 않아

귀를 톡톡 건드려 봐

어느 쪽이 불안인지 알 수 있을 거야

고통은 고독보다 서사적이야

내가 누구인지 귀 기울여 봐

女子가 넘기는 것은 평온의 한 축일 것이나

둥근 것은 깨어지면 모가 나는 운명

女子는 부서져도 속을 내줄 것이 없지

악수는 이별보다 친절한 감성

나는 女子라는 위로를 서브하는 중이야

뉴 프레퍼

밤새 위층에서는 각 싸움이 있었다

몸으로 말로 엇나간 각을 잡고 있었다

둘 사이의 벌어진 틈으로 조금씩 불안이 스며들었던 것

벚꽃의 눈빛은

산양의 울음이 가지 못한 곳까지 멀리 가 닿곤 한다

손을 놓아버리기 전에 이미 차가워진 손바닥

일그러진 표정을 감추며

너와 나는 그렇게 겨울의 손바닥을 맞잡고 있었지

그러나 이전까지 몰랐던 따뜻한 손등이 있었던 거야

우리는 음악을 들으며 질문과 농담을 섞어

서로의 예각을 재보고 있었던 것이지

불안해서 개를 키워 본 적이 있니?

그때 개는 너의 둔각에서 평안했을까

* New Prepper : 재난과 사고에 대비하는 사람

케렌시아

그녀는 잠들지 않는 새를 재운다

그녀의 몸속 캄캄한 길이 어디인지 그녀도 알 수 없다

그녀의 몸에 어둠이 닿으면

길들이지 못하는 새는 없다

새가 그녀의 몸에 머무는 동안, 작은 부리가 생겼다

발톱은 자라지 않고, 털은 고르지 못하여

세상 쪽으로 나아갈 수는 없다

그녀는 새를 재우려고

수없이 떨어지는 파문의 등을 두드렸다

그립다 말하는 순간 잠은 손끝에서 온다, 팔이 아래로 떨어지고

고개가 옆으로 무너진다

그때 재운다는 말은 깊이일까, 높이일까

그녀가 새 가까이에서 듣는 물소리

눈에 슬픔이 고이는 동안 날개가 다 자라지 못했는데

소리는 아프지 않기 위하여 귀 닫고

입술은 떠들지 않기 위하여 먼저 노래한다

눈동자 속 흔들리는 눈동자의 말을 그녀가 들어 버렸다

눈물 한 방울에 천 개의 슬픈 기억이 머물렀다

* 케렌시아 : 투우 경기장에서 소가 잠시 쉬면서 숨을 고르는 장소

그리스인 조르바

바람개비는 바람을 이겨야 한 생을 산다

돌아가는 것과 머무는 것 사이 저녁이 올 때

눈물은 비로소 사과꽃으로 떨어진다

흰 바람개비는 얼마큼 바람을 버려야 흰 바람개비로 날까

얼굴을 붉히고 나니 그가 앉았던 그늘이 파랗다

저 그늘도 한때는 정오의 흰 바람개비

사과는 사과꽃이라는 상상이 사라져야 붉은 사과가 된다

수많은 말들이 쌓여 있는 크레타섬

그는 무엇을 내려놓아야

조르바로 다시 태어날까

종은 쇠라는 생각을 지워야 소리가 난다

바닥들

물은 백만 개의 손바닥이 있지

물방개가 물의 손등을 살짝 깨무는 순간 색이 번지지

연꽃의 뿌리가 바닥에 가라앉아야

물이 눈썹을 찌푸리는 것이 보이지

연못에 떨어지는 빗방울, 눈을 뜨면

떴다가 감은 눈동자를 가릴 수 있는 손바닥은 없지

비 그치고 물이 움찔거리듯

하나의 표정은 만 번을 스쳐 생긴 흔적이라서

그가 떠나고 그녀에게 백만 개의 얼굴이 생겨났다는데

그녀는 물의 바닥을 보기 위해 걷고 또 걷지

돌아오는 길엔

억만 개로 번진 슬픈 손바닥이 따라오지

레이어드 홈

이 길에서는 어떤 쪽으로 틀어도 이별이다

붉은 발자국이 생기는 방향으로

네모난 지붕의 그림자가 가로수처럼 박혀 있다

저녁의 아코디언 맨은 박자가 맞지 않은 놀이를

그 집 앞에 심어두고 갔다

이별이 필요 없는 붙박이 가구를 설계해야겠다

헤어진 후 이곳저곳 떠돌아다니던 마스크보다

슬픔을 기록할 수 있는 책상을 들여야겠다

이미 타버린 날들은 소파에 앉혀 두지 못한다

울음 바이러스를 박제해 둔 채 누군가 떠나간 후

혼자인 나를 지주支柱마냥 여기저기 박아두었다

내가 세운 돔에서 하루하루 슬픔을 떼어먹고 있었다

* Layered Home : 마치 여러 벌의 옷을 겹쳐 입어서 멋을 부리는 레이어드 룩처럼 집에 새로운 기능을 추가하여 집의 공간 기능이 다양화되는 것

50가지 그림자
— 곽재구 시인의 사평역에서

맨 처음 내가 쓴 시 '시계'는

그냥 혼자 돌아가는 미지의 시간이었다

그 시간은 어떤 방향을 알고 있었을까

그가 내 시계의 시침을 조금씩 맞추어놓았다

비로소 내 안의 미지의 그림자들이 움직이기 시작했다

나무에 걸려 있는 바람그림자, 숨결그림자 그리고

그의 등 뒤의 새 그림자

사는 것이 시 행간 같다는 그의 사평역에서

나는 오늘도 해 그림자 수를 늘려가고 있다

내가 50가지 그림자를 가질 때

그가 내게 준 시곗바늘 숫자를 가늠할 수 있을까

'우리 곁을 스쳐 가는 따뜻한 일 초들'

'당신을 사랑할 수 있어 참 좋았다'

'시간의 뺨에 떨어진 눈물'이라는 그의 문장들이

사평역 톱밥 난로에서 아직도 타고 있다

그가 던져준 불빛에서 일렁이는 따뜻한 그림자들

하나를 채우는 것은 그가 가진 마음결을 따라가는 것

이름을 부르지 않아도 내가 알고 있는 것보다

더 맑은 눈빛들이 그의 '새벽 편지'를 읽을 것이다

지금 스며드는 짙은 향기

커다란 꽃잎 등燈에 붉은 자수를 놓은 걸까

노란 수술이 중심에서 향을 피워 물고

유두를 붉힌다

부리가 긴 새, 눈을 들어 저녁을 기다리고

꽃병의 둥근 엉치 사이에 눈물이 얼룩져 있다

거기서 피어난 작은 암술들이

울음을 낮게 끌어당긴다

살아 있는 물고기의 형상으로 두근거림이 오고

제 몸 태우는 향기는

누군가에게 건너가 비로소 불꽃이 된다

한 계절에 한 번 피는 꽃들은, 지고 난 후

어떤 질문을 허공에 남길까

우주의 씨앗 떨어지는 소리를 헤아린다

지금 나는 누구에게 짙게 스며들고 있는지

■ 문정영 여섯 번째 시집 『두 번째 농담』을 읽고

시인은 묻는다. "4차 5차 혁명에 우리는 AI와 어떻게 공존해야 할까?" 그리고 통찰한다. "과거와 현재는 내가 사는 현재"라고. "아찔한 순간"을 맞닥뜨릴 때면 "찰나보다 더 짧게 지나갈 순 없을까" 시공간을 응시하기도 한다. 더구나 언택트un-contact 시대인 지금, "눈물 한 방울에 천 개의 슬픈 기억이 머물렀다"는 문장은 인간-삶을 총망라했다고 본다. 인공지능이 흉내 낼 수 없는 "슬픈"이라는 체온! 바로 이 지점에 시인의-우리의 온화와 신뢰가 있다. -정숙자(시인)

몸보다 멀리 있어도 빛나는 "어떤 농담은 울음 대신 꺼낸 두 번째 고백이야"(「두 번째 농담」) 먼저 언어 뒤에 숨은 그의 목소리에 밑줄을 긋는다. 말해진 언어가 하나의 몸이라면 "슬픔이 달아나기 전에 얼굴을 바꾸어야겠어"(「페이스오프」)라고 낮게 말하는 시인의 목소리가 너무 아프기 때문이다. 나는 그의 『두 번째 농담』을 몸보다 멀리 있어도 투명하게 빛나는 '달의 모자' 같다고 쓴다. -김 륭(시인)

문정영 시인을 생각하면 '어진 사람'이라는 말이 제일 먼저 떠오른다. 최근에는 잘 쓰이지 않는 말이 되었지만, 어질다는 것은 단순히 명석하다거나 너그럽다는 의미를 넘어선다. 사람들의 사정을 폭넓게 두루 살피며 위하는 마음. 그가 노래하는 자연과 세계의 풍경을 듣다 보면 종종거리던 마음이 어느덧 고요하고 가지런해진다. 문정영 시인의 6번째 시집 『두 번째 농담』은 실로 '어진 서정'이 다정히 담긴 서신이다. —이혜미(시인)

농담으로 건넨 말이 농담이 아니었을 때, 농담이었으면 했던 것들이 사실로 드러났을 때, 미처 대답을 준비하지 못한 우리는 난감해진다. 문정영 시인은 어눌한 우리를 대신해 다음 말을 준비한 시인이다. 인간의 지능을 뛰어넘는 AI의 감성은 어떤 구조로 변화할 것인지, 장차 인간의 생존은 가능할 것인지 위험을 감지한 시인이 보내는 신호는 몇 천 년 전 우주를 떠돌던 질문 하나를 앞에 두고 있다. 시인은 농담이 아닌, 농담 같은 미래가 오고 있음을 맨 먼저 인간의 입으로 증명하고 있는 것이다. —마경덕(시인)

문정영의 시 아수라는 열정과 냉정 사이의 기이함이다. 저주와 복수를 지배하는 생각들이 하나로 통합된 빛의 줄기가 그의 특유의 부드러운 문체의 스펙트럼을 통과하면서 선과 악을 초월하는 해탈이란 사실을 납득시킨다. 그의 언어들의 울림은 확실하면서도 희미하다. 이 애매함은 허황된 세상을 갈기갈기 나누어 신들의 기이함까지도 부숴버리는 차가운 냉정을 감추고 있다. —배홍배(시인)

문 시인의 이번 시집에서는 예전처럼 서정의 기조는 유지하고 있으나 시의 배경인 시의 무대 즉 시세계는 4차 산업시대, AI시대, 우주시대의 영향 탓인지 어둡고 드라이하고, 차갑고 금속성 느낌의 분위기인 것 같다. 소셜 네트워크의 시대에서 부적응의 거위로 환생한 시인은. "소리구멍 다 열고 날마다 거위 울음으로 나는 울었다."라고 페이소스의 절규를 하고 있다. 일회용으로 확대 재생산하는 넷플릭스 시대에서는 "되돌려볼 수 있는 사랑은 인형 같아서"라고 사랑의 존귀성과 영원성의 상실을 자조하며, 첨단 문명시대에서 퇴조하는 정신문화의 위기를 경고한다. **-김세영(시인)**

제목이 첫 문장을 부르자 다음 문장이 기다렸다는 듯이 대답한다.
움직이는 시들이 조화롭게 속도를 맞추며 변화와 변용을 즐긴다. 코로나 시대의 『두 번째 농담』은 사람과 시를 사랑하는 시인의 진솔한 화두이다. **-오현정(시인)**

그는 무서운 얼굴을 깊디깊은 가문비 숲에 꼭꼭 숨겨두고 숨겨둔 것도 잊었다.
다만 부드럽고 긴 팔을 자꾸만 늘여 주변의 꽃과 나무를, 뾰족한 바람과 변덕스런 구름들을 껴안고 또 껴안았다.
뒷모습과 모자와 입술의 관계로만 진동하는 백작이 가끔 자신도 잊은 자신의 얼굴을 밀어낼 때, 계절보다 선명한 시의 자막이 두근거리며 펼쳐진다. **-안차애(시인)**

그가 왔다. 거위로 오고 달·모자로 오고 넷플릭스로 왔다. 여섯 개의 긴 팔을 가진 은사시나무로 미래형의 눈썹으로 두근거리던 채널 뒤의 풍경으로 다시 왔다. "꽃을 꽃으로 보는 절기는 지났다". 그동안 우리가 공유했던 문정영 시의 아우라는 잊어라. 곡진한 음(音)이 있는가 하면 각지고 매운 날(辣)이 있다. 밤하늘 어둠 속에 못 박혀 꼼짝 못하는 눈물 한 점의 별빛으로 그의 시가 독자의 가슴에 박혀왔다. —이영식(시인)

'사랑을 자막처럼 읽는 시간(netflix에 의한)'이 왔단다.
문정영에게 도래한 이 포노 사피엔스$_{phono\ sapiens}$의 시대는 앙시앵 레짐과는 판이하게 다른 메타버스$_{meta-verse}$의 세계이다.
가상과 실제가 혼융 가능한 이 무대 위에서는, 몸뚱이가 의자에 묶여 있어도 가상현실$_{VR}$이나 증강현실$_{AR}$이 얼마든지 작동 가능한 무한가변의 질서가 성립된다. 이 낯선 문화 속에 편입된 시인은 이제 끝없는 의문 속에 동시대를 투시하는 견자의 위치에서 통찰의 시를 쓸 수밖에 없게 되었다. —김영찬(시인)

이국의 한 중정中庭에 서 있는 오렌지나무처럼 슬픈 밤에 더 빛나는 시가 있다. 시인의 눈은 진중하게 관조하고 농담하듯 철학적 담론을 던진다. 생은 결코 세련된 사유들이 견고하게 쌓아 올린 프레임 밖에서도 얼마든지 아름다울 수 있다고, 영악한 시들을 걸러내고 살아남는 시의 본형이 어떠해야 하는지 모자 쓴 달을 따라가는 여정이 애잔하고 하냥 그리웁다. —고경숙(시인)

문정영 시인의 시망경詩望鏡은 자연현상에서 사회현상에 이르기까지 광각廣角줌업Zoom up되어 사물의 본질을 관통하고 관념을 초월하여 시적이미지로 승화되었다. 이 시대의 현상과 무생물을 의인화하지 않고도 외적 표정과 감정까지 은유한 웅숭깊은 표현들의 매력과 인간다움으로 보듬어주고 있는 '문정영표 시'에서만 느껴지는 '시다움'에 갈채를 보낸다. —김필영(시인, 문학평론가)

시인은 자신의 한계를 절감하며 소환된 시적 대상들을 위무의 방편으로 삼는다. 거위울음과 날갯소리로 남겨진 사랑을 확인하고 회귀할 수 없는 사랑의 잔흔이 '달과 모자'에 의해 가려지길 소망하면서 동상이몽에 빠져드는 인간들의 내면세계를 그림을 그리듯 정밀하게 묘사한다. 함축된 이미지를 재현과 재구성으로 유효하게 발화시키며 독자들을 궁구하게 하는 시인만의 특성이라 할 수 있다. —이덕주(시인)

자홀自惚에 빠진 이들에게 질서정연한 슬픔은 맞질 않음으로 작가가 건네는 두 번째 농담은 그만의 주관적 감정이 될 수 없다. 슬픔은 슬픔으로, 연정戀情은 연정으로 보여도 괜찮다고 하는 농담을 끄적이다 울음 바이러스를 박제해 둔 채 떠난 이가 누군지 묻고 싶었다. —오 늘(시인)

날마다 물벌레의 날갯짓으로 점을 치는 그는 사랑 수집가이다. 그는 어둠의 발소리로 당신의 호흡을 복제하고 당신의 눈에 담긴 슬픔을 풀어 시를 그린다. 그에게 닿으면 길들여지지 않는 사랑은 없다. 사랑은 늘 벚꽃 눈빛으로 핀다. 그의 붉은 발자국을 따라가면 거꾸로 가는 시간을 만날 수 있다. 우리는 그곳에서 태양과 대작하는 법을 알게 되고 새로운 사랑의 체위를 꿈꾸고 스마트한 사피엔스가 된다. 그가 그린 한 편의 시를 품고 계절을 견디는 나는 사랑 몽상가. —김미희(시인, 달라스)

이 시집 속 시편들이 우리를 파격적이며 경이로운 세계로 단숨에 견인한다. 그리하여, 한번 숨을 멈추고 그대로 빨려들 수밖에 없다. 환타지, 매트릭스 속 그림자들이 바로 우리 자신의 바애이며, 무한 알고리즘 속 우리의 실존과 진실이 제거된 채 홀로그램처럼 홀로이 발견된다. "너는 특정인, 나는 궁극에 홀로인 자/너는 나의 합성 조합들"(「딥페이크 연애」중) 그 형형한 슬픔과 통증이 전이된다. 또한 시집 곳곳에서 자유자재 상상력에 매료되고야 만다. —신지혜(시인, 뉴욕)

문정영의 시는 대상과의 치열한 갈등으로부터 시작된다. 하지만 그것이 극한의 고통으로 치닫지 않는 것은 그의 화법이 섬세한 결을 가지고 있기 때문이다. '어린왕자'의 외로움이 단순함에 머물지 않고 무한의 파장을 일으키는 것과 같은 이치다. 시집 전체의 분위기가 그렇지만 '블루라이트'를 보면 특히 그렇다. —한혜영(시인, 플로리다)

바람개비는 바람을 이겨야 한 생을 살 듯, 사과는 사과꽃이라는 상상이 사라져야 붉은 사과가 되듯, 문정영 시인의 시는 크레타 섬처럼 독특하다. 마치 「그리스인 조르바」가 산투루를 치듯 행마다 잔잔한 정열이 흘러넘친다. ─정국희(시인, LA)

포노 사피엔스는 실시간으로 세계 곳곳의 감수성을 수렴한다. "사과는 사과꽃이라는 상상이 사라져야 붉(은)어"지는 자의식이 "3D 프린터"로 복사되어 소수점에 가닿는다. 그리하여 홀로그램으로 산란하는 신인류의 정서적 지형은 문정영의 여섯 번째 시집, 『두 번째 농담』의 사정권에서 첨예해진다. "꽃을 꽃으로만 보던 절기가 지났다" 맞다 그러하다 뒤안을 챙기는 심미안이 노을빛으로 번지니, "생각에서 벗어난 생각"이 진경을 이루누나! ─정재분(시인)

'두 번째 농담' 속에는 결코 농담일 수 없는, 불안과 비밀의 바이러스(포스트 코로나) 시대에 쓰인 공허한 딥페이크 연애의 시편들이 산재해 있다. 연애라고는 하나 그것은 부재의 사랑(그리고 사물 인터넷), 아사 직전의 사랑(숨그네), 수컷이 없는 꼬리채찍도마뱀의 사랑처럼 허망한 사랑이다. 가슴이 먹먹해져 온다. 심장이 조여 오는 아픔은 없이 감각만 살아있는 안드로이드 사랑은 과연 사랑의 진화인가, 퇴화인가? AI에 의한 그루밍 사랑은 상상만으로도 섬찟하다. 그러나 시인은 꿈꾼다. '우리가 있기에 네가 있다'는 우분투Ubuntu의 사랑과 미래를……. ─강기원(시인)

"이 시집에 열여섯 번 등장하는 '그녀'는 '나'와 '너' 또는 '당신' 사이에 자리 잡고 있다. 그녀는 누구인가? 가령 '백지에 그린 그믐달 같은 것'이 아닐까? 첨단 문명을 표방하는 언어로 무장하고 미래를 꿈꾸며 걸어가는 문정영의 시가 이제 '잉크'로 기록한 '세포'를 지나 달의 뒷면을 향하는 듯하다. 그 눈길이 매섭구나!" —**김삼환(시인)**

농담한 듯 툭, 무심한 듯 툭, 떫은 모과와 자신의 언어를 합성하여 사랑이라고 말할 수 있는 그는 사랑의 실존이나 보편적 본질에 대해 낯설지 않은 방법으로 상호 관련의 인과율을 성립시킨다.
그의 시들은 어떤 공허감이나 부정적 심리 상태에 이르기 전에 인간의 근원적 세계에서의 생존에 기능한다. —**최지하(시인)**

시대의 고독과 침묵을 지켜내기 위해 문정영 시인은 아수라를 불러들인다. 사는 것에 치열할 수 있었으나 삶은 더 잔혹하다. 현대는 과학과 이성으로 모든 것이 확신에 차 있다. 맹목에 가까운 아수라의 시대이다. 시인은 이러한 맹목에 도전하듯, 하나의 구멍을 찾아내려는 듯 "세 개의 얼굴은 가문비 숲에 숨겨두고, 여섯 개의 긴 팔은 은사시나무가 되"어 '거위로' 온다. "열리는 시기를 놓친" 거위, "떨어지는 얼굴을 놓친" 거위, "아무리 걸어도 모자에서 벗어날 수 없는" 거위, 이 시대의 거위에게는 추상의 언어가 필요할지도 모른다. 그 언어로 거위는 다시 지워질 수 있기 때문이다. —**정진혁(시인)**

문정영의 여섯 번째 시집 『두 번째 농담』에는 블루라이트가 반짝이는 제2의 우주를 꿈꾸게 한다. 우리를 농담과 생각마저 벗어나 상상이 닿지 않는 곳으로 안내한다. 이 시집은 우리에게 과거와 미래, 기억과 꿈이라는 축과 연결될 수 있음을 암시한다. 이 시인의 농담은 첫 번째 농담은 AI, 두 번째 농담은 너, 세 번째 농담은 나일 것이다. —한성희(시인)

그리고 다시 서정시를 쓰기 힘든 시대가 왔다. 이제 언어로 불러내던 노래는 낡은 것이 되었다. 대신 "우리는 같은 의자에서 서로 다른 장면을/몸 밖으로 밀어내는 중"(「넷플릭스」 중에서)이다. 끝의 시간이 시를 부른다. 시의 얼굴은 보이지 않는다. 다만 어두울 뿐. 문정영의 시는 끝을 다시 농담 짙은 언어로 물들이며 우리를 부른다. 서정시는 끝내 그렇게 쓰인다. 우리도 모르는 사이 다음 세계의 인간이 우리 앞에 도착했으므로. 다시 서정시가 왔다. —김학중(시인)

시인이 고백하듯 '사랑을 자막처럼 읽는 시절'에 우리는 살고 있다. 코로나로 인하여 강요된 비대면의 문화는 '나와 너'의 대화를 차단하는 서글픈 장벽을 점점 더 두텁게 쌓고 있다. 그러나 이제는 사람의 내면이 새로운 '만남'의 마당으로 거듭나야 한다는 당위성을 일깨워주는 서정적 각성제가 문정영의 시詩이다. 모든 이의 인격을 존중하듯 만물의 생명을 소중히 보듬는 그의 시어는 바닥을 모른 채 추락하던 우리들의 내면을 진정한 소통의 하늘로 끌어올리는 감성의 날개가 되고 있다. —송용구(시인, 문학평론가)

문정영 시인은 이 시집에서 디지털 신인류의 삶을 슬픈 눈으로 들여다보고 있다. 그에 의하면, 이전에는 '몸'을 매개로 한 '나-너'의 사랑이 중심이었다면, 앞으로는 '디지털'로 프로그래밍된 사랑이 주류가 된다. 이 시집은 '눈'이야말로 우리 실존의 핵심매체라는 통찰을 보여준다. '눈'은 디지털 이미지에 중독되어 있다. 시인은 디지털 공간에서는 '원본(진본) 없는 가짜 이미지'인 시뮬라크르가 흘러넘치고, 이로 인해 우리의 현존 역시 시뮬라크르로 오염되어 가고 있음을 '그로테스크한 눈'이라는 이미지로 형상화하고 있다. 그 '눈'에 흐르는 '눈물'은 '얼굴 없이 살아가는 현대인'과 '몸으로 느끼지 못하고 디지털로 사랑을 나누는 연인'을 위한 '아픈 위로'이다. 이런 환경에서 우리는 '타인의 욕망(시뮬라크르)'에 오염된 채로, 그것이 '진실 된 나'인 것으로 착각하면서 살아가고 있다. 이 시집에는 눈물이 흐른다. 진정한 '몸'의 삶을 잃어버리고 시뮬라크르에 휘둘리는 우리의 삶을 위로하는 눈물이다. —강 수(시인)

드디어 "미래형 눈썹"이 탄생했다. "사랑을 자막처럼 읽는 시절" 너머를 볼 수 있는 눈이다. "진짜를 가장한 표정"들 "얼굴방울"들이 매달린 세계를 부유하는 영혼이 가 닿고 싶은 너머를 꿈꾸는 이 시집은 "잠든 자구의 공회전"을 어떻게든 앞으로 나아가게 하려는 힘을 내장하고 있다. "수만 번 엎드려서 바람을 이기려"는 힘의 팽팽함이 끝내 "쇠라는 생각을 자우고" 깊고 넓게 퍼져나가는 종소리의 고요한 향연을 선사한다. "내가 알고 있는 것보다 더 맑은 눈빛"들이 이 시집을 읽는 즐거움에 나를 동참하게 한다. —한용국(시인)

"꽃을 꽃으로만 보던 절기"를 보내고 돌이켜 볼 수 없는 얼굴을 마주하는 오늘. "열리는 시기를 놓"친 당신과 "떨어지는 얼굴을 놓"친 내가 "새로운 채널에 가입"한 뒤 "같은 의자에서 서로 다른 장면을" 바라본다. "언제든 볼 수 있는 당신"은 귀하지 않아서 소홀하게 대했다. "공유했던 두근거림"은 이미 "채널 뒤의 풍경"이 되고 겉도는 시간은 이미 환상이 되어 버렸다. 시간 속에 있지 않고 시간 밖에 있는 것처럼, 그들은 같은 장면을 보면서도 다른 꿈을 꾸었다. "소라구멍 다 열고 날마다 거위 울음으로" 날아갈 수 없는 운명을 견뎌온 그들, 아픈 뒷모습을 가리기 위해 모자를 쓴 그들이 여기에 있다. —이송희(시인, 문학평론가)

문학은 또 다른 삶을 제안하기에 언제나 두 번째로 오는 것이고 헛된 것이기에 농담을 닮은 것이다. 더 나아가 문정영 시인은 딥페이크와 안드로이드처럼 디지털 매체에 기초한 상상력을 전개하며 우리를 현재로부터 멀어지게 한다. 기술의 본질은 세계를 조작하는 우리의 감각적 관습을 새롭게 하는 것인데, 아직 보편화되지 않는 기술까지 상상한다는 것은 차라리 감각적 관습을 상실하게 하는 놀이에 가까운 것이 아닐까. 그런 의미에서 이 시집은 우리의 상상력에 "반정형, 비정형의 기회를 넣어주고 싶었다"라는 하나의 바람으로 읽힐 수 있다. —박동억(문학평론가)

4차 산업 혁명의 시대에 인간의 정서와 상상력은 어떻게 변화해나갈 것인가? 문정영 시인이 이번 시집에서 주목하는 부분은 사물인터넷이 등장하고 인공지능이 일상화되는 현실 속에서 인간이 경험하게 될 감정들, 사랑과 슬픔, 웃음과 눈물, 연애와 불안 등에 관한 것이다. 지금까지 존재하지 않던 패러다임의 지각 변동과 함께 그와 맞물린 인간의 모습을 씨줄과 날줄로 직조하여 미래의 인간형을 구현하는 문정영의 시집에서 현실주의적이고도 몽상적인 사유를 만나게 될 것이다. -김윤정(문학평론가)

『두 번째 농담』에는 포스트 코로나 시대의 지구 환경이 인간의 생존과 어떻게 화학작용을 일으킬 것인가에 대한 사유와 전망이 있다. 시인은 육체라는 물질적 한계로부터 비약적으로 자유로워지고 있는 현재와 실시간으로 도래하고 있는 미래의 존재적 실체에 대해서 끊임없이 질문한다. 육체적 결함들을 극복해나갈 뿐 아니라 육체를 대체하거나 육체를 넘어서는 것들에 대한 경이와 경악이 들끓는다. -신수진(문학평론가)

오늘날 유투브 알고리즘은 우리의 가족이나 친구보다도 우리에 대해 더 많은 것을 알고 있다. 온라인과 멀티버스의 역능이 점점 커져가는 현실은 역설적이게도 우리를 더 외롭게 만든다. 인간의 근원적 고독에 대한 성찰과 현대문명에 대한 인식을 함께 담아낸 문정영 시인의 새 시집이 시기 적절하게 느껴지는 이유이다. -전철희(문학평론가)

문정영의 시적 세계에는 감정의 알고리즘이 작동한다. 섬세하면서도 촘촘하게 펼쳐진 "감정의 뿌리들"(「딥페이크 연애」)이 그동안 "아무런 발자국 없"(「알고리즘, 이별」)던 미지의 영역에서 은밀하게 자라나고 있다. 그 뿌리로부터 누군가의 눈물, 눈빛 그리고 존재적 질문과 시적인 농담들이 피어난다. 그리고 이 특유의 시적 생명력은 지금도 어딘가 "물에서 생겨난 어떤 예언"(「타고」)을 갈구하는 목마름으로 우리 곁에서 조금씩 뿌리를 내리는 중이다. −정재훈(문학평론가)

한번 먹으면 영원히 사랑의 허기를 느낄 수 없는 알약이 있으면 얼마나 좋을까. 시인이 말하는 '인간보다 더 인간다운 로봇'의 미덕이란 허기를 못 느끼는 사랑의 대상을 말하는 것 아닐까. 현대사회의 사랑이 갈수록 가볍고 계산적인 것으로 변하는 것을 보면서 시인은 '사소한 물음들이 자꾸 거대해지'는 것을 느낀다. 그것마저도 '빅데이터'를 내고 있다면 미래에 닥칠 혈흔 같은 외로움은 결코 농담이 될 수 없을 것 같다. −김종미(시인)

그의 『두 번째 농담』이 날아왔다. 과녁을 향한 정조준, 시의 화살이 심장을 관통했다. 농담 너머 농담의 일가, 언중유골言中有骨을 이룬 황홀한 우주 한 채. 세상 창이며 지붕에서 흘러넘친 50의 50가지 그림자들.
  그 미학적 통증, 무궁무진에 이르겠네. −전다형(시인)

같은 화면을 앞두고 같은 의자에 앉아도 사람들은 제각기 다른 마음의 풍경을 본다. 사랑이라 착각한 자막을 읽느라 놓치는 삶의 풍경은 또 얼마나 많은가. 시인은 사랑과 사람과 세계와 역사의 풍경을 잘 보기 위해 어둠을 초대하는 사람이다. 기꺼이 스스로를 흉방에 앉히고 길방을 밝히는 사람이다. 스위치를 누르는 손끝에서 이미지와 말이 넘치지만 세상은 여전히 캄캄하고 진심어린 환대는 드물고 귀하다. 그의 시는 변함없는 환대의 시간으로 독자를 이끈다. −최정란(시인)

새로 시집을 낼 때마다 변화를 보여주는 문정영 시인의 이번 시집에는 사랑, 이별, 이별의 고통으로 가득하다. "어떤 농담은 울음 대신 꺼낸 두 번째 고백이야"라고 말하는 시인의 이별의 고통은 세계와의 불화로 눈물샘이 말라버릴 정도다. 사랑 노래가 은은하게 퍼지는, 삶에 대한 성찰과 깊은 사유, 다양한 시적 대상을 통해 익숙한 일상 속에서 낯선 시선으로 사물을 응시하는 그의 시를 읽어 가다 보면 방울방울 맺히는 눈물 같은 아련한 통증이 묻어난다. −김은우(시인)

AI 시대, 사랑은 생존할 것인가? 공존을 모색하는 시인의 여행은 농담처럼 독자에게 말을 걸지만, 가볍지 않은 무게를 지닌다. 새로운 시의 서정을 모색하는 시인은 "시간의 뺨에 떨어진 눈물"을 지닌 채 사평역 톱밥 난로에 시 한 줌을 던져주는 일로 사물인터넷과 3D 프린트와 빅데이터 속에서 살아가는 지구인에게 사랑의 본질을 묻는다. 문정영 시인의 시는 새로운 서정의 새벽을 부르는 울음이자 한밤 추위를 견디게 하는 온기이다. −강대선(시인)

空은 비어 있다는 것이다. 없다는 뜻이기도 하지만 불교에서의 空은 고정 불변하는 실체가 없다는 뜻이기도 하다. 시대는 끝없이 변해가고 그 변화의 중심축을 이루는 것은 과학의 발전이다. 이 시집의 제목들만 봐도 과학의 발전이 우리 삶 속으로 어떻게 스며들어와 있는지 그 영향을 예측할 수 있는 단어들이 많이 등장한다. 이제 존재라는 말은 새롭게 정의해야 할지 모른다. 인공지능과 빅데이터 등으로 인해 인간 감성에 대한 기대와 역할이 그 어느 때보다도 주목되는 시점에 와 있는 것 같다. 꽁꽁 숨겨져 있는, 보이면서도 보이지 않는 진짜 얼굴을 찾기 위해 이 시집 속의 감성과 언어들을 찬찬히 따라갈 볼 일이다. —이재연(시인)

디지털 유목을 꿈꾸는 자 그는 거대담론을 농담처럼 툭툭 던지는 이 시대의 포노사피엔스, 태초에 신이 호모사피엔스를 창조했다면 스티브 잡스는 포노 사피엔스를 창조했다. 물음의 용량이 질문을 수리 중이다. 제 슬픔을 오래 들여다본 자만이 새로운 눈동자를 출력해 갈아 끼울 수 있는 밤, 거꾸로 가는 시간의 버튼을 눌러 시인은 밤의 활주로를 불러낸다. 태양과 대작을 벌일 이 시대의 버킷리스트, 꿈과 사랑은 최후의 보루다. —이선애(시인)

시인은 보이지 않는 것들을 위한 성작자이다, 라고 말할 수 있다. 말할 수 있는 것을 말함으로써 말할 수 없는 존재를 드러내는 방식으로 문정영 시인은 시를 쓰고 있다. 문정영 시인은 시의 성작자 모습을 지니고 있음을 이번 시집 『두 번째 농담』을 통해서 알 수 있다. —조영심(시인)

인간은 이제 서로에게 얼마만큼 필요한 존재일까. 쓸쓸하다는 생각도 혼자만이 할 뿐, AI와 감정의 코드를 어떻게 조절해 가야 하나. "사랑의 족쇄가 사라"지고 "사랑 없이도 새끼를 낳는" 그런 세상은 인간들이 꿈꾸지 않았다. 인공의 목소리만이 우리를 대면해 주는 이런 기계문명은 모두의 부산물인 "너는 나의 합성조합들"이다. 언제나 "밤은 푸르게 충혈되어 있"는, 지금 여기 간신히 숨 쉬고 있지만, 이러한 환경 속에서도 우리의 인간성을 회복하자는 원대한 취지에서 기획된 시, 정신이 든다. —조연향(시인)

그간 시인은 '배고픔의 연대기'에 시의 옷을 입혀왔다. 아니 영혼의 배고픔이 형태와 단계를 바꾸며 그로 하여금 존재의 비의秘儀와 성찰省察이 서로 스며든 5권의 서정 시집을 상재하도록 내몰았을까? 그간의 시적 내력의 바탕 위에 우뚝 선 시집 『두 번째 농담』은 넷플릭스, 안드로이드 사랑, 빅 데이터 등 우리가 마주한 오늘과 다가올 내일의 세계에 대해 상상력의 폭을 크게 넓히면서도 구사하는 언어는 한결 발랄해졌다. 매 순간 '배고픈 천사'에게 저울질 당하면서도 시인은 시의 '숨그네'를 밀고 또 밀었으리라. 싱싱하면서도 절제된 이 '단단한 말의 축제'에 박수를 보낸다. —박수현(시인)

관계의 시선을 끌어당기는 힘은 애정이다.
생각에서 벗어난 생각을 자막처럼 읽는 사랑을 보듬어 사물 사이의 오랜 정으로 길어 올리는 손길이 참으로 따뜻하다. —권기만(시인)

문정영 시인의 6번째 시집 『두 번째 농담』은 생성 에너지 강한 전언들로 빼곡하다. 겹겹의 주름들을(「주름들」) 온몸으로 밀고 나가며 세상을 향해 솟아오르는 거대한 물음(「빅데이터」)을 수리 중이다. 궁극을 향한 도정에 모든 견고한 것들을 산산이 부서뜨리면서 순환의 세계(「空의」)로 끊임없이 도주한다. 지는 꽃잎을 바라보는 사유의 마당에는 죽기 전에 해야 할 목록(「버킷리스트」)을 적듯 비장미가 스며 있다. 독자는 언어를 절제하고 행마다 비워놓은 행간에서 제 몸을 태워 피어난 불꽃(「지금 스며드는 짙은 향기」) 같은 명편들의 매혹적인 향기를 마음껏 누리게 될 것이다. —김혜천(시인)

시인은 인공지능인가 사람인가 화면에 두뇌 플레이하는 창작의 힘을 보았나요 사랑하는 이들의 소문을 모과 씹는 신음이라니 도발적인 음모이지 않은가 블랙홀에 잠깐 빠진 슬픔을 분주히 움직이는 것으로 대신하여 침묵으로 담아두고 있다니 언어를 절단하여 분과 초를 세우고 구절구절 별자리 보며 아픈 시간을 승화하는 천생 시인, 얇은 종이로 손에 배는 듯한 찰나를 캡처하는 문정영 시인의 시 세계를 탐독해요 야관문을 뚫고 들어갈 문장의 꽃잎이 세밀하고 혹독하고 아름다워서 자근자근 입에 녹여 삼켜야겠어요 시인은 안전한 레일보다 폭풍의 사막에서 언어를 캐는 신개발 연금술사라고 칭해야겠다. —김송포(시인)

큰 그늘에 갇혀 독자가 두드리는 소리를 듣고 사랑을 자막처럼 읽는 시절을 지나 7층과 8층 사이로 사라진 절망을 지워가는 사람. 어려운 질문이 봄눈처럼 녹는 날, 수선화 꽃차례가 어긋나며 어둠을 치는 벽에 기대어 바깥이 되기 위해 어둠을 스스로 겪는 사람. 사람을 비추는 사람을 통해 서로의 붉은 비밀을 그네로 흔들며 멈출 때까지 묵묵히 그네 곁에서 숨을 고르는 사람. 그 사람의 환한 미소가 거울 속에서 슬픔으로 피어나는 두 번째 농담이라는 열매. 그 열매를 꼭 쥐어본다. —강 주(시인)

집중하고 몰입하는 순간 들리는 것이 있다. 마스크로 얼굴을 가려도 당신의 눈은 슬픔을 말하고 우리는 침묵을 듣는다. 당신의 눈빛은 기억과 현상과 예상을 한 공간에 집어넣고 뒤섞어 놓는다. 침묵의 특이점 뒤, 포스트 침묵의 시대를 사랑과 이별의 농담으로 즐길 준비를 하시라. —박동민(시인)

'뜨거워질 만큼 부풀거나 무거워진 만큼 가라앉아 더는 지상에서 불러낼 이름이 없을 때 거위 울음으로 운다'는 울음을 대신하는 시인의 두 번째 고백 앞에 인연의 알고리즘을 생각합니다. 인은 결과를 산출하는 내적 직접적 원인이며, 연은 결과의 산출을 도와주는 외적, 간접적 원인이라지요. 시라는 공통분모를 가지고 우리는 뜨겁게 만나 함께 울어주는 동지입니다. 첫 번째 농담은 농담이 아니었듯 "두 번째 농담'은 당신들과 나의 인연을 축복하며 서로를 위해 울어주는 곡비哭婢임이 자명합니다. —이 령(시인)

새로운 시의 행성이 나타났다. 과거와 현재 미래를 관통하는 시의 플랫폼. 문정영 시인의 제6 시집 『두 번째 농담』. 시인은 세계의 경계를 넘어 시간의 통로에서 포노 사피엔스를 만난다. 서로 다른 알고리즘 속에 미지의 시간을 펼친다. -서영택(시인)

"더는 지상에서 불러낼 이름이 없었다"고 서러워 말자. "소라구멍 다 열고 날마다 거위 울음" 울어댄다는(「아수라」) 그대는 "하나를 간직하기 위해 다른 하나를 버린" 시인, 아름다운 울림을 주는 시인, 그날 밤 내어놓지 못한 환한 달빛을(「달, 모자」) 모두에게 내어주는 시인, 지금은 "계절이 꽃보다 더 선명하게 붉어"(「넷플릭스」), 절절한 사랑을 되돌려보고 싶을 뿐이다. -최연수(시인, 문학평론가)

시인은 지금 두 번째 농담을 현란하게 하고 있다. 톡톡 튀는 문장으로 맛깔스럽게 그려낸 에로티시즘은 읽는 내내 심장을 쫄깃하게 하고 있다. 그러면서도 마지막에는 독자의 상상에 맡기며 문장을 던져놓고 끝을 맺는다. "사과도 사과꽃이라는 상상이 사라져야 붉은 사과가 된다."라는 의미 있는 시구 한 문장이 기억에 남는다. -김현숙(시인)

문정영 시인은 내면을 퍼 올리는 근육이 단단하다. 그의 사고가 불끈 솟을 때 살아 있는 시어들이 묵직하지만 지루하지 않게 두 번째 농담처럼 다가와 어깨를 툭툭 친다. 그가 "새로운 채널에 가입할" 때마다 신선한 문장들이 쏟아지는, 시심을 조율하는 능력이 뛰어난 시인이다. -정경해(시인)

사랑은 참 모호하기만 하다. 이별은 비로소 '앓다'라는 감정으로 제 모습을 드러내고 몸의 배후에 감추어진 본질을 무력화시킨다. 사랑으로 자기 대면하며 타진해 보는 질문들, 가라앉고, 무너지고, 사라지고, 흔적만 남는 일로 아파하며 이별을 감각하는 문정영 시인은 미래 우리가 향하는 사랑은 또 어디에 다다를 수 있을까를 두고 여섯 번째 시집 『두 번째 농담』을 건네고 있다. ─안은숙(시인)

세상은 진화하지만 사랑은 진부하다. 그것이 지금까지의 문학이다. 그의 파격은 텔레딕도니스를 걸치고 안드로이드 사랑을 감행한다. 한 귀퉁이를 뚝 떼어놓고 보자면, 진부함과 난해함을 거부한 21세기 초현실주의 에로티시즘 문학의 표본이다. 인간에 대해 오랜 시간 천착한 문정영 시인의 이번 시집은 우리의 눈을 들어 좀 더 먼 곳을 깊이 응시하게 한다. ─이선정(시인)

언제든 볼 수 있는 당신은 귀하지 않았다

당신은 생각에서 벗어난 생각을 보고 있었다

더는 숨을 멈출 수 없을 때 아득히 저무는 꽃

소리구멍 다 열고 날마다 거위 울음으로 나는 울었다

그런 모자가 가끔 아픈 뒷모습을 가려주곤 했다

상승과 몰락이 씻은 무처럼 하얬어

한 번의 농담은 농담이 아니었어

그 홍조 띤 전언이 너의 첫 유두를 스치듯 간지러웠어

사랑이라 부르고 싶은 눈을 가만히 쓸어 주었어

언제부터 핏줄 하나하나에 슬픔을 넣고 다녔는지

찰나보다 더 짧게 지나갈 순 없을까, 이 물음

내 손을 먼 쪽에 두고 가린 눈으로 그녀를 건너갈 수 있을까

그 후 우리의 인연은 대면 방식을 거부했다

얼굴 없는 연애는 목소리만 남는 것

하루 종일 눈물은 없고 슬픔방울만 매달려 있다

서로의 붉은 비밀이 사라지면 그네는 멈춘다

아사 직전의 사랑!

나의 망막에 굴절돼 따뜻한 문장 품고 있었다

그 후 점점 붉어지는 것의 정체를 나는 이별이라 읽었다

슬픔이 달아나기 전에 얼굴을 바꾸어야겠어

변해야 한다고 잎들이 입아귀를 물고 있다

멀리 떨어져 있어 더 환상적이다

숨소리가 숨소리를 따라 바닥에 흘러 다녔어

네가 없는 어두운 상상은 시큼할 뿐, 여기까지야, 정말

잠들 수 없어, 그때마다 너의 몸에서 만개한 주름들

나는 너의 꽃에서 만 개의 몽상으로 피어나지

그 울음은 너의 첫울음처럼 신비로웠다

열린다는 것은 어느 한 곳에서 全身으로 몰입한다는 것

타인 아닌 나로 살아보기, 그렇게 사랑을 사랑하기

이별과 연민은 몸의 어느 곳에도 새길 수 없는 문신

너보다 내가 먼저 타버리기로 작정했다

순간 조립되고 변형되는 사랑이란 복제에 불과해

모자의 테두리는 한 세계의 카테고리가 되네

사람들은 부재의 사랑을 모자로 쓰네

실핏줄 같은 몸속 지도에 너를 그려 넣는다

수선화 꽃차례가 어긋나고 어둠을 치는 벽이 보였다

바깥을 향한 슬픔이 조금씩 잠잠해지기 시작했다

나를 스쳐 지나는 것들은 얼마나 무수한가

오늘의 사랑은 물처럼 흘러 내일로 사라질 거야

공기를 열고 나오는 저 푸른 생각들의 전복

세상의 표정은 숨어서 대의 껍질처럼 단단하다

자작나무 표피에 쓰인 자글자글한 약속마저 벗겨져 있다

지상 위에 달빛 발자국 하나만 남아 있다

내 눈동자는 그간 눈에 담아둔 슬픔을 풀어서 먹지

사랑도 사물처럼 망막의 감정을 읽을 뿐이다

그의 하루는 늘 기계음에 갇혔다 사라진다

한 잎의 생각을 윤독하는 그녀는 붉은 치마 수집가

자정에 그를 쓰고 나면 그녀의 하루가 소멸하지

어제의 표정으로 오늘을 쓰는 붉거나 샛노란 세모들

곤두박질하다 다시 제자리에서 귀가 열리는 나는

딱 한 번 눈썹을 밀고 공중에서 순해지고 싶다

아무런 발자국 없는 행간은 잊힌 애인 같다

오늘 나와 헤어지는 꽃들이 내일은 향기를 품을까

날카로운 서브처럼, 눈물도 웃음도 나에게 패스하던 女子

너와 나는 그렇게 겨울의 손바닥을 맞잡고 있었지

새가 그녀의 몸에 머무는 동안, 작은 부리가 생겼다

눈물 한 방울에 천 개의 슬픈 기억이 머물렀다

바람개비는 바람을 이겨야 한 생을 산다

좋은 소리는 생각을 지워야 소리가 난다

하나의 표정은 만 번을 스쳐 생긴 흔적이라서

이 길에서는 어떤 쪽으로 틀어도 이별이다

내가 세운 돔에서 하루하루 슬픔을 떼어먹고 있었다

하나를 채우는 것은 그가 가진 마음결을 따라가는 것

지금 나는 누구에게 짙게 스며들고 있는지